Anne van Stappen & Marie-Claire Barsotti
nach Dr. Leonard Laskow

Das kleine Übungsheft

Die Heilkraft der Liebe nutzen

Aus dem Französischen von
Claudia Seele-Nyima

Illustrationen von Jean Augagneur

TRINITY

Anne van Stappen, Ärztin und seit 20 Jahren Trainerin für Gewaltfreie Kommunikation nach Marshall B. Rosenberg, interessierte sich schon früh für die Möglichkeiten, seelische und körperliche Beschwerden mit der Energie der Liebe und des Herzens zu heilen.

Marie-Claire Barsotti lebt und arbeitet als Bildhauerin und Holoenergetics©-Praktizierende im indischen Auroville, der auf Basis der Gesellschaftstheorie des indischen Philosophen Sri Aurobindo und von Mirra Alfassa (bekannt als »Die Mutter«) gegründeten »universellen Stadt«. Darüber hinaus ist sie Assistentin und Übersetzerin bei Leonard Laskows Seminaren und Workshops in Frankreich.

Die Originalausgabe ist erstmals 2014
bei Éditions Jouvence erschienen.
Titel der französischen Originalausgabe:
Petit cahier d'exercices de stimulation des forces
de guérison par l'amour

Chemin du Guillon 20, Case 184, CH-1233 Bernex.
www.editions-jouvence.com,
info@editions-jouvence.com

Umschlaggestaltung: Guter Punkt, München
Satz: Kerstin Duben, München
Druck und Bindung: Pustet, Regensburg
ISBN 978-3-95550-138-9

www.die-kleinen-uebungshefte.de

»Heilung durch Liebe!« Einige Anhänger der Naturwissenschaften und skeptische Geister werden nun vielleicht spotten und denken: **»In dieser irrwitzigen Zeit heutzutage muss man sich wirklich die unmöglichsten Dinge anhören ... Jesus Christus mag zwar gesagt haben: ›Geh hin, dein Glaube hat dir geholfen‹, aber deswegen müssen wir doch wohl nicht glauben, dass Liebe heilt!«**

Und dennoch: Diese Vertreter einer wissenschaftlich-technischen Weltsicht, die tief durchdrungen ist von den newtonschen Gesetzen, wären sicherlich höchst erstaunt, wenn sie selbst einmal die Verfahren ausprobieren würden, die zu diesem Thema von Experten entwickelt wurden. Wir hoffen, dass Ihnen dieses kleine Übungsheft – die Zusammenschau und Praxis der Entdeckungen von Leonard Laskow – hilft, herauszufinden, wie die **heilende Kraft** Ihrer Liebe sich auf Sie selbst und Ihre Umgebung auswirkt.

Was ist das eigentlich – Liebe?

Klar ist: Es ist keine Liebe, wenn wir ...

- **etwas aus Angst tun:** wenn wir uns den Wünschen eines anderen Menschen unterordnen, aus Angst, ihn zu verlieren; es nicht wagen, unsere Gefühle zu äußern, oder Bedürfnisse leugnen, um Konflikte zu vermeiden.
- **uns unbedacht aufopfern:** wenn wir alles geben, ohne an uns zu denken, und darüber selbst seelisch ins »Hintertreffen« geraten.

- **eigennützig handeln:** wenn wir etwas für andere tun, Geschenke und Komplimente machen oder zärtlich sind, nur um im Gegenzug geliebt zu werden.
- **von uns selbst abrücken zugunsten unserer Umgebung:** wenn wir uns selbst täuschen, verleugnen oder zurückstehen, um anderen zu gefallen.
- **versuchen, jemanden zu ändern,** damit es ihm besser geht und/oder damit er oder sie unseren Vorstellungen entspricht.
- **hoffen, jemand möge unsere existenzielle Leere ausfüllen** oder uns mehr Liebe zeigen, als wir selbst in der Lage sind zu geben.
- **uns auf eine unmögliche Liebe einlassen,** denn diese hält uns davon ab, echte Intimität zu erleben ...

Die verschiedenen Formen der Liebe lassen sich dagegen nicht ganz so leicht definieren.

Und wenn Liebe damit anfinge, dass wir lernen, uns selbst zu lieben?

Und wenn es bei der Liebe ganz einfach um Schwingungen ginge, um Energien, die im Einklang sind und sich gegenseitig verstärken, sodass sie Fülle und/oder ein Gefühl des Einsseins in uns hervorrufen?

Und wenn Liebe darauf hinausliefe, mit einem anderen Menschen in Resonanz zu schwingen, auf seiner Frequenz empfangsbereit zu sein?

Und wenn lieben schließlich dahin führen würde, einen Zustand der bedingungslosen Liebe zu erreichen? Einen Zustand, in dem unsere **Energie** so stark schwingt, dass wir uns, ebenso wie große Meister und Heiler, in einen Zustand des Einsseins mit einem anderen Menschen versetzen können, um zu seiner körperlichen oder emotionalen Heilung beizutragen?

Lieben – könnte das die Begabung sein, eine Verbindung, die uns zur Einheit, zum Einssein führt, zu kreieren und lebendig zu erhalten?

»Heiler werden bedeutet, die Annäherung an diese universale schöpferische Kraft zu vollziehen, die wir als Liebe erfahren, indem wir unser Selbst damit identifizieren und so sehr ausweiten, dass es eins wird mit Gott.«

Barbara Brennan: *Licht-Arbeit. Heilen mit Energiefeldern*

Leonard Laskow*, auf dessen Einsichten dieses kleine Übungsheft basiert, konnte bereits auf eine brillante Karriere als Mediziner zurückblicken, als eines Tages die Erfahrung einer Spontanheilung, die er vollbrachte, ihn dazu veranlasste, all seine bisherigen Definitionen von Krankheit, Gesundheit und Heilung zu hinterfragen. Er beschloss, seine Patienten nicht mehr nur medizinisch zu behandeln, sondern ihre Heilung mit der Energie der Liebe anzukurbeln.

Dreißig Jahre lang erforschte er, wie sich die Herzkohärenz – der Einklang zwischen Herz, Atmung und Blutdruck – und die energetische Schwingung der Liebe auf den Körper und die Gesundheit auswirken.

Um seine Heilverfahren, die er Holoenergetics© nennt, auszuarbeiten und wissenschaftlich zu belegen, stellte er sich selbst als Objekt für Laborversuche und Forschungen an verschiedenen Universitäten zur Verfügung. Seine Studien zielten darauf ab, den Einfluss der **Energie der Liebe** auf das elektromagnetische Feld des Menschen und auf die Heilung von Krankheiten zu messen.

* Dr. Leonard Laskow, Autor des Buches *Heilende Energie* (Irisiana: München 1995), war Leiter der Gynäkologischen Abteilung im Hospital of the Monterey Peninsula im kalifornischen Carmel, Professor an der University of California in San Francisco, Mitbegründer des American Board of Integrated Holistic Medicine, Mitglied des wissenschaftlichen Ausschusses des Institute of HeartMath und Fachberater für Verhaltens- und energetische Medizin in Ashland, Oregon. Er leitet weltweit Konferenzen, Seminare und Workshops über das von ihm entwickelte Heilsystem Holoenergetics©.

Hier eine Zusammenfassung seiner Aussagen:

»Während meiner Tätigkeit als Chirurg bin ich mehr und mehr zu der Einsicht gelangt, Heilung als die Wiederherstellung unseres natürlichen Zustands der Einheit zu betrachten. Unsere individualistische, übermäßig vernunftbetonte Gesellschaft fördert die Illusion des Getrenntseins, insbesondere den Glauben, der Geist sei vom Körper getrennt, die Menschen seien voneinander abgesondert usw. Ohne dass es uns unbedingt bewusst sein muss, verschwenden viele von uns beträchtliche Energie darauf, dieses Getrenntsein aufrechtzuerhalten, was häufig zu Spannungen, Schmerzen, Krankheiten führt. Das Konzept der ›holoenergetischen Heilung‹ zielt darauf ab, Menschen dadurch zu heilen, dass diese Illusion der Trennung aufgelöst wird. Dabei wird vor allem auf die Liebe, das Bewusstsein und die universelle Energie zurückgegriffen.
Die Holoenergie betrachtet die bedingungslose Liebe, die man sich selbst und anderen entgegenbringt, als einen wesentlichen Aspekt der Heilung. **Die Liebe ist nicht allein Dichtern und Mystikern vorbehalten! Sie ist auch ein Hilfsmittel, das die natürlichen Heilungsprozesse erleichtert.** Meine Laborversuche haben ergeben, dass eine fokussierte und gut ausgerichtete Liebesenergie Ergebnisse hervorbringen kann, die ich nie für möglich gehalten hätte. Sie kann die Vermehrung von Bakterien im Reagenzglas reduzieren, DNS-Stränge umeinander winden und entwinden, das Wachstum von Krebszellen in Gewebekulturen bremsen. Holoenergetisches Heilen hat nicht den Anspruch, die westliche Medizin zu ersetzen, die für die Behandlung von akuten Krankheiten, gravierenden Infektionen, Traumata usw. wertvoll ist. Vielmehr versucht es uns zu zeigen, wie wir durch die Verbindung verschiedener Ansätze unsere Selbstheilungskräfte deutlich steigern können.«

Seit mehreren Jahrzehnten häufen sich die wissenschaftlichen Beweise, dass wir alle unser **Gesundheitskapital** beeinflussen können. Man weiß heute, dass Dinge, die von der Wissenschaft als **Wunder** bezeichnet wurden, in Wirklichkeit auf dem Willen und der Kompetenz einiger Kranker beruhten, die in sich ihr Heilpotenzial zu stimulieren vermochten. (So wurde beispielsweise nachgewiesen, dass unsere **»natürlichen Killerzellen«** – die Müllmänner des Körpers, die Toxine und kranke Zellen* aus unserem Körper entfernen – sich vermehren und mehr Wirksamkeit entfalten, wenn wir angenehme seelische Zustände oder liebevolle Gefühle erleben**.)

* Falls Sie mehr darüber wissen möchten, bieten die Untersuchungen und Publikationen folgender Wissenschaftler viele Informationen zum Thema:
David Servan-Schreiber und Thierry Janssen;
Richard Davidson, Professor für Psychiatrie und Psychologie. Er arbeitete in Harvard zusammen mit Daniel Goleman, dem Direktor des Laboratory for Affective Neuroscience im Waisman Laboratory for Brain Imaging and Behavior und des Center for Investigating Healthy Minds.
Jon Kabat-Zinn, Gründer und Vorsitzender des Center for Mindfulness in Medicine, Health Care, and Society an der Medizinischen Fakultät der Universität von Massachusetts; Gründer und ehemaliger Direktor der Stress Reduction Clinic und emeritierter Professor für Medizin, der hierzulande vor allem als Begründer der Methode MBSR (Mindfulness-Based Stress Reduction/Achtsamkeitsbasierte Stressreduktion) bekannt wurde.

** Die Entdeckungen der Psychoneuroimmunologie (ein Gebiet, das sich mit den Wechselwirkungen von Psyche, Nerven und Immunsystem befasst, haben gezeigt, dass unser Abwehrsystem permanent davon beeinflusst wird, wie unsere Gedanken und Gefühle beschaffen sind. Diese Entdeckungen haben zur Entstehung einer neuen »Mind-Body-Medizin« geführt.

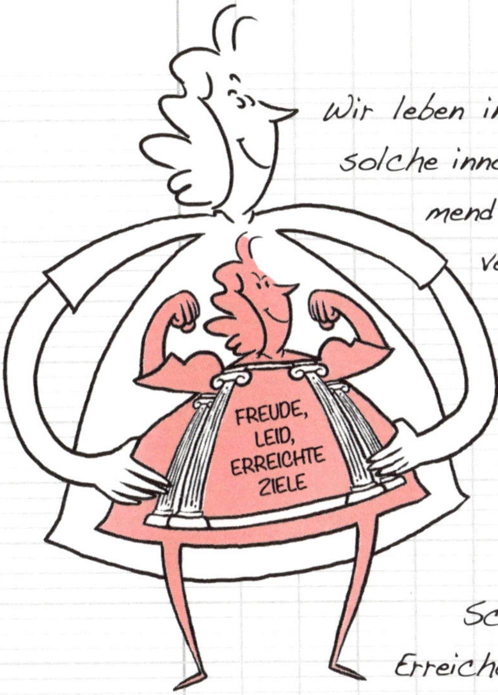

Wir leben insofern in einer spannenden Zeit, als solche innovativen Ansätze in der Medizin zunehmend unsere Auffassung von Krankheit verändern. Dieses Heft versteht sich als ein Hilfsmittel für all jene, die ihren Teil der Verantwortung für ihre Lebensqualität und ihre persönliche Verwirklichung übernehmen möchten. Unser Körper ist ein Tempel: Er spürt unsere Freude, erträgt unseren Schmerz und unterstützt uns beim Erreichen unserer Ziele; doch dafür müssen wir ihn wach, energiegeladen und in einem optimalen Zustand erhalten.

So hat Leonard Laskow Folgendes beobachtet: Wenn wir uns in einen Zustand der sogenannten »transpersonalen Ausrichtung« (s. Übung 4 auf S. 26) versetzen, dann bringen wir unsere EEG-*, EKG-** und EMG-Kurven*** in Einklang. Das erzeugt einen Zustand der Kohärenz in uns, der den gesamten Organismus harmonisiert.

* Die Elektroenzephalografie (EEG) misst die elektrische Aktivität des Gehirns.

** Die Elektrokardiografie (EKG) ist eine grafische Darstellung der elektrischen Aktivität des Herzens.

*** Mithilfe der Elektromyografie (EMG) wird die elektrische Muskelaktivität gemessen.

In diesem Moment vergrößert sich in unserem Körper der Bindungswinkel zwischen den beiden Wasserstoffatomen in den Wassermolekülen (H_2O) von 105° auf 109°C; dadurch verändern sich die Eigenschaften des Wassers, darunter der pH-Wert, die Löslichkeit, die Fähigkeit zur Lichtabsorption und die Oberflächenspannung.

Darüber hinaus ist die Schwingungsfrequenz eines Menschen in bestimmten Zuständen, darunter im energetischen Zustand der Liebe, so hoch, dass dieser Mensch mit dem Objekt seiner Aufmerksamkeit in Resonanz treten und sich **eins mit ihm** fühlen kann …

… Und dann werden Hormone, insbesondere sogenannte **Glückshormone** ausgeschüttet, die gesundheitsfördernd sind: Oxytocin, Dopamin, Serotonin usw.

»Wenn der Geist zur Ruhe kommt und das Herz sich öffnet, wird schließlich offenbar, was wir im tiefsten und wahrsten Sinne sind.«

Leonard Laskow

Solche Transformationen können durch bestimmte Verhaltensweisen herbeigeführt werden, zum Beispiel durch die Konzentration der Gedanken oder des Willens, die Absicht, zu heilen, bedingungslose Liebe oder die Verbindung zur universellen Schöpferkraft (wenn das Thema Sie interessiert, empfehle ich Ihnen dazu die Publikationen des Physikers David Bohm).

Darum möchten wir Sie nun einladen, mehrere (holoenergetische und andere) Verfahren auszuprobieren, damit Sie herausfinden können, wie sie sich auf Ihr Leben auswirken.

Mit diesen Verfahren werden wir uns befassen:

I. Herzkohärenz oder: bewusst das Herz fokussieren

II. Gestaltung unserer Gemütszustände

III. Stimulieren der Energie in den Chakras

IV. Transpersonale Ausrichtung

V. Die harmonisierende Atmung

VI. Austausch bedingungsloser Liebe

VII. Messen und Umwandeln schädlicher Schwingungen: Wünschelrute, Steine und Mantras

VIII. Vergeben oder: schwierige Beziehungen transformieren

IX. Träume verwirklichen oder: wie ich mich mit der universellen Energie verbinde

X. Konzentration auf ein Ziel

I. Herzkohärenz oder: bewusst das Herz fokussieren

»Wir können nie mehr Liebe empfangen, als wir zu empfangen bereit sind. Wir können nie mehr Liebe geben, als wir in uns tragen. Die Liebe, die wir von anderen zurückerhalten, schöpft aus der Quelle unseres eigenen Herzens.«

Deepak Chopra:
Lerne lieben, lebe glücklich. Der Weg zur spirituellen Liebe

Dank einer neuen Wissenschaft, der »Neurokardiologie«, die sich am Institut HeartMath in Kalifornien entwickelte, haben Forscher herausgefunden, dass im Herzen des Menschen ein kleines Gehirn existiert, bestehend aus zehntausenden Nervenzellen, die denen des Gehirns gleichen. Sie erkannten, dass dieses **»Herz-Gehirn«** ein eigenständiges Zentrum für Emotionen und Entscheidungen ist und ein ungeheures Magnetfeld besitzt: Seine elektrische Komponente ist etwa 60-mal, die magnetische sogar bis zu 5000-mal stärker als die des Kopf-Gehirns.

Die Neurokardiologie hat gezeigt, dass zwischen dem emotionalen Teil des Kopf-Gehirns und dem Herz eine Beziehung besteht, die in beide Richtungen wirkt:

Gerät das emotionale Gehirn aus der Balance, dann leidet das Herz; umgekehrt beeinflusst ein ausgeglichenes Herz das Gehirn entsprechend.

Sind das emotionale und das Herz-Gehirn harmonisch im Einklang, wirkt sich dies positiv auf den gesamten Organismus aus.

Der Psychotherapeut Renaud Perronet schreibt:

»Es gibt verschiedene Verbindungswege zwischen Herz und Gehirn. Ein sehr wichtiger darunter, das autonome (oder vegetative) Nervensystem, besteht aus zwei Komponenten: dem ›Sympathikus‹, der die Herzfrequenz erhöht, die Ausschüttung bestimmter Hormone steigert und das emotionale Gehirn aktiviert, also für schnelle Reaktionen auf Umweltreize und die Mobilisierung des Körpers zuständig ist; und dem ›Parasympathikus‹, der eine dämpfende Rolle spielt [und dadurch z.B. der Erholung und Verdauung dient].
Über Sympathikus und Parasympathikus werden die Auswirkungen unserer Gedanken, Wahrnehmungen und emotionalen Reaktionen vom Gehirn an das Herz übermittelt. Ihr Effekt lässt sich leicht an unserer Herzfrequenzkurve ablesen: Bei Stress, Angst, Niedergeschlagenheit oder Zorn sind die Herzschlagschwankungen unregelmäßig und chaotisch. Im Gegensatz dazu ist die Herzfrequenzvariabilität in einem Zustand des Wohlbefindens, der freundlichen Zuwendung oder der Dankbarkeit ›kohärent‹, das heißt, der Wechsel zwischen Beschleunigung und Verlangsamung des Herzschlags ist regelmäßig. In diesem Moment arbeiten beide Komponenten des Nervensystems mit maximaler Effizienz zusammen, statt gegeneinander anzukämpfen. Und wenn Kopf und Herz im Einklang sind, fühlen wir uns wohl und entspannt, unser Organismus erholt sich.«

Mithilfe einer bestimmten Atemtechnik können wir unsere Herzfrequenzvariabilität harmonisieren und in uns den sogenannten **Kohärenz**-Zustand herstellen, der sich auf unsere gesamte Physiologie positiv auswirkt. Regelmäßig praktizierte Herzkohärenz unterstützt uns nicht nur darin, uns im Einklang mit uns und unserer Umwelt zu fühlen, sondern wirkt auch gegen **Depressionen, Stress, Erschöpfung und Angst**. Sie regt zudem unsere Immunabwehr, Kreativität und Konzentration an und hat dieselben erwünschten Effekte wie Schlafmittel und Antidepressiva, nur ohne deren lästige Nebenwirkungen!

Hier eine Anleitung, wie Sie vorgehen können:

1. Setzen Sie sich bequem hin, atmen Sie 3-mal tief durch und konzentrieren Sie sich dabei darauf, wie Ihr Atem an den Nasenlöchern entlang ein- und ausströmt … Richten Sie dann die Aufmerksamkeit auf Ihre Herzgegend, die Brustmitte. Stellen Sie sich vor, Sie würden langsam durch diese Stelle ein- und ausatmen (ein vollständiger Atemzug dauert idealerweise ungefähr 10 Sekunden und oft ist die Einatmung kürzer als die Ausatmung).

2. Rufen Sie sich nun einen Moment in Erinnerung, in dem Sie sich wirklich wohlfühlten, voller Liebe oder im Frieden waren oder Dankbarkeit, Freude, ein Gefühl des Einsseins empfanden. Ob Sie in diesem Augenblick allein oder in Gesellschaft, in der Natur oder woanders waren, ist egal – was zählt, ist die Offenheit Ihres Herzens. Durchleben Sie dieses Wohlgefühl noch einmal körperlich und emotional, während Sie dabei gleichzeitig immer weiter durch Ihr Herz atmen. Als Unterstützung können Sie an eine Person oder Sache denken, die Ihr Leben verschönert. Vielleicht ist es einfach die Tatsache, am Leben zu sein, hier und jetzt: das Geschenk des Lebens selbst. Vielleicht ist es eine tiefe Liebe zur Natur, zum Universum, zur Quelle des Lebens … Spüren Sie jede Facette Ihrer angenehmen Empfindungen und Gefühle, während Sie weiterhin durch die Brustmitte ein- und ausatmen.

3. Und nun atmen Sie tief ein, **halten einen Moment den Atem an und während Sie ihn dann langsam wieder ausströmen lassen, lassen Sie diese angenehmen Zustände sich im ganzen Körper ausbreiten. Spüren Sie, wie jede Zelle, jedes Atom Ihres Körpers von Wohlbefinden, Liebe, Freude, Dankbarkeit durchtränkt wird, spüren Sie, wie die Lebensenergie in Ihrem Körper schwingt.**

Die Energie fließt dorthin, wohin ich meinen Atem, meine Liebe und meine Aufmerksamkeit lenke.

Malen Sie diesen Satz farbig aus.

Erstellen Sie jetzt eine Liste von Dingen, die Ihr Leben schöner machen, und geben Sie ihnen eine Note zwischen 1 und 10.

Hier einige Vorschläge dafür, was Ihnen Freude bereiten könnte: Enkel, Kinder, Partner(in), Familie, Eltern, Freunde, Haustiere … Ausgehen, Kino, Theater, Musik, Malen, Schreiben, Lesen, Sport, Fotografieren, Bildhauerei, Meditation … Arbeit, Studium, Ziele erreichen, kreativ sein … Momente der Harmonie mit der Umgebung, mit dem gegenwärtigen Moment … Sich nützlich machen, anderen und/oder dem Planeten dienlich sein, helfen …

- ..../10
- ..../10
- ..../10
- ..../10
- ..../10
- ..../10

Wählen Sie nun die 3 Aspekte mit der höchsten Punktzahl aus und nehmen Sie sich 5 Minuten Zeit, um in sich die Freude zu spüren, die einer dieser 3 Aspekte in Ihnen auslöst.

II. Gestaltung unserer Gemütszustände

Wenn Sie an einem Punkt in Ihrem Leben angelangt sind, an dem Ihnen nichts mehr Freude bereitet, dann probieren Sie es einmal mit der folgenden Praxis, die ebenso wirksam wie anspruchsvoll ist. Es handelt sich um eine Übung mit dem Titel »Was geht in mir vor?« (s. Das kleine Übungsheft »Mit schwierigen Zeitgenossen umgehen« von Anne van Stappen).

Wir können lernen, Fülle zu empfinden, selbst wenn das Leben gerade kein Zuckerschlecken ist und unsere Wünsche sich nicht erfüllen!

Wie auch immer unsere Situation ist, wir können lernen, dieselben Gefühle und Empfindungen zu verspüren, die wir hätten, wenn unsere Wünsche und Bedürfnisse bereits erfüllt wären. Das Entwickeln der Fähigkeit, so zu tun, »als ob« – was uns anfangs vielleicht als unmöglich erscheint –, wirkt sich positiv auf unsere körperliche und emotionale Gesundheit aus.

Spüren, wie die strahlende Energie befriedigter Bedürfnisse in uns schwingt – das wollen wir alle! Warum warten, bis sie erfüllt sind, um ihre wohltuende Wirkung zu erleben und glücklich zu sein?

Liegt nicht echte Weisheit in der Fähigkeit, uns mit dem, was ist, gut zu fühlen?

Hier eine kurze Anleitung zu dieser Praxis:

1. Atmen Sie langsam und bewusst, wie in Punkt 1 der Übung zur Herzkohärenz erklärt.

2. Entscheiden Sie, was Sie empfinden möchten. Wollen Sie zum Beispiel **Lebensfreude** spüren, dann fragen Sie sich (auch wenn Sie gerade nichts dergleichen empfinden): **Was ginge in mir vor, wenn ich Lebensfreude empfände? Wo und wie würde ich sie in meinem Körper spüren? Wie würde es mir seelisch gehen?** Zu Ihrer Unterstützung können Sie an einen Moment denken, in dem Sie sich gefreut haben, oder an eine Person, die sich freut; beobachten Sie sie und stellen Sie sich vor, Sie schlüpften in ihre Haut. Spielen Sie, so zu sprechen, sich so zu bewegen wie diese Person, ohne sich mit ihr (womöglich zu Ihrem Nachteil) zu vergleichen.

3. Öffnen Sie sich für das, was in Ihnen aufkommt. Lassen Sie sich von diesen hervorsprudelnden Empfindungen und Gefühlen beherrschen. Seien Sie geduldig und vertrauen Sie auf das Leben, das nichts weiter will, als in Ihnen zu pulsieren, wenn Sie es nur zulassen.

Machen Sie diese Übung täglich, ohne sich zu verurteilen, wenn es einmal nicht klappt, und ohne zu große Fortschritte erzwingen zu wollen! Aber gehen Sie jeden Tag einen kleinen Schritt auf das Gefühl zu, das Sie empfinden wollen.

Diese Arbeit des Gestaltens unserer Gemütszustände ist eine Kunst, die nach und nach erlernbar ist, also nur Geduld! Es geht darum, in sich »neuronale Bahnen des Glücks« zu schaffen, um den Bahnen des Unglücklichseins etwas entgegenzusetzen.

Jedes Mal, wenn man in Gedanken, durch Grübeln usw. einen negativen psychischen Zustand in sich aufrechterhält, verstärkt man ihn noch; das lässt sich mithilfe von MRT-(Magnetresonanztomografie-)Untersuchungen des Gehirns messen. Die gute Nachricht lautet: Genauso funktioniert es mit positiven Zuständen. Jedes Mal, wenn wir Gefühle des Wohlbefindens in uns zulassen, verstärken sich diese und verändern unsere neuronalen Schaltkreise.

III. Stimulieren der Energie in den Chakras

Seit Tausenden Jahren werden Chakras in zahlreichen Traditionen – allen voran der indischen – als Zentren, Energiewirbel betrachtet, die subtile Energien des Menschen transportieren. Man kann sie weder berühren noch sehen, und dennoch: Wenn eines von ihnen gestört ist, wirkt sich das auf unser körperliches und psychisch-emotionales Gleichgewicht aus.

Man geht davon aus, dass 7 Hauptchakras unser bioenergetisches, ätherisches, emotionales, mentales und intuitives Feld verbinden. Jedes Chakra nährt unseren Körper mit einer spezifischen Energie. Wenn sich also beispielsweise eine Krankheit in einem Organ entwickelt, steht sie unmittelbar mit dem Zustand des Chakras in Verbindung, das dieses Organ nährt.

Außerdem: Je mehr unsere Chakras zur Zirkulation unserer Lebensenergie im Körper beitragen, umso mehr fühlen wir uns gesund, im Einklang und im Frieden mit uns und der Welt.

Malen Sie die 7 Chakras bunt aus und ergänzen Sie die jeweiligen Zahlen von 1 bis 7 der Botschaften unten.

7. Violett: Ich bin die Liebe (über dem Scheitelpunkt des Kopfes).
6. Indigoblau: Ich kenne die Liebe.
5. Hellblau: Ich drücke Liebe aus.
4. Grün: Ich liebe.
3. Gelb: Ich existiere in der Liebe.
2. Orange: Ich spüre die Liebe.
1. Rot: Ich lebe die Liebe (im Bereich des Beckenbodens auf Steißbeinhöhe).

Bestandsaufnahme: Ihre Chakra-Energien

Lesen Sie sich die Tabelle auf den folgenden 2 Seiten durch und tun Sie dann für jedes Chakra Folgendes: Schließen Sie die Augen und atmen Sie mehrmals tief durch das jeweilige Chakra ein. Bitten Sie Ihr höheres Bewusstsein, Ihnen intuitiv ein Bild zu geben, ein Symbol, das für Sie die Lebensenergie dieses Chakras repräsentiert.

Nennen Sie hier Ihre 7 Symbole und zeichnen Sie sie:

-
-
-
-
-
-
-

Gehen Sie dann die Spalte »Energien« noch einmal durch und fragen Sie sich:

Welche Chakra-Energien fehlen mir momentan?

....

....

Welche möchte ich entwickeln?

....

....

CHAKRAS	Funktion, Eigenschaften	Energien	Energien, die mir fehlen und die ich entwickeln möchte
7. Kronen-chakra	Verbindung mit dem höheren Selbst, mit dem eigenen göttlichen Wesen, Schwinden der Angst und der Illusion des Getrenntseins	Ganzheit, Glück, Glaube, Harmonie, Demut, Freiheit, zu sein, wer ich bin, Fülle, Reinheit, Einheit	
6. Stirn-chakra	Bewusstsein	Lernen, Klarblick, Erkenntnis, Wissen, Einsicht, Vorstellungskraft, Intuition, Loslassen, Frieden	
5. Hals-chakra	Kreativer Ausdruck	Echte Kommunikation, Kreativität, Zuhören, Selbstausdruck, Freude, positive Einstellung, Empfänglichkeit	
4. Herz-chakra	Liebe, Nichtdualität, bedingungslose Aufmerksamkeit, bedingungsloses Mitgefühl	Uneigennützigkeit, Freundschaft, Liebe, Zugehörigkeit, Wohlwollen, Mitgefühl, Geben, Sanftheit, Empathie, Treue, Dankbarkeit, Loyalität, Vergebung, Geduld, Respekt, Solidarität	
3. Solar-plexus-chakra	Gefühle, Selbstvertrauen	Selbstbejahung, Selbstvertrauen, Mut, innere Kraft, Ausdruck der eigenen Gefühle, Willensfreiheit, Durchhaltevermögen, Macht, Gefühl, am richtigen Platz zu sein	

CHAKRAS	Funktion, Eigenschaften	Energien	Energien, die mir fehlen und die ich entwickeln möchte
2. Sakral-chakra	Gefühle, Zeugung, Kreativität	Kreativität, Verlangen, Freude, sich körperlich auszudrücken, körperlicher Genuss, Vergnügen, Sinnlichkeit, Spontaneität	
1. Wurzel-chakra	Lebenskraft, Lebenswille, Konkretisierung der Dinge	Überfluss, Fähigkeit, Träume und Projekte umzusetzen, Geld zu verdienen, sich gut zu fühlen dort, wo man ist, Verbindung mit der Erde, Im-Fluss-Sein, Lebens-freude, Sicherheit, Gefühl, lebendig zu sein, Aufmerksamkeit gegenüber dem, was man tut	

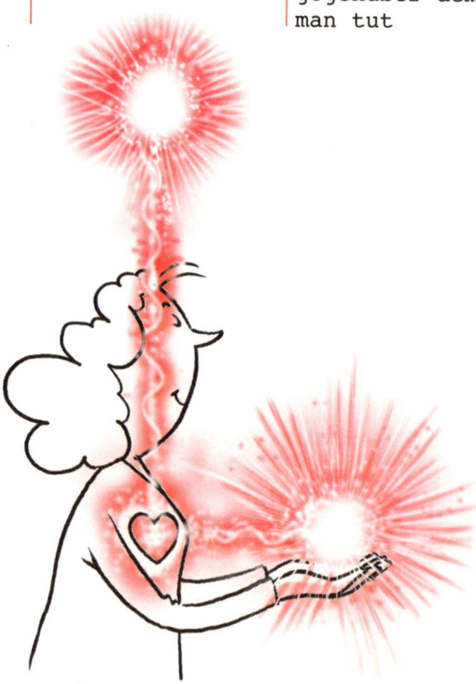

Übung: Eine Chakra-Energie entwickeln

Atmen Sie ruhig und tief und stellen Sie sich dabei vor, dass das von Ihnen ausgewählte Symbol sich im entsprechenden Chakra festsetzt. Spüren Sie, wie sich die Energie dieses Symbols mit Ihrem Atem im ganzen Körper ausbreitet. Üben Sie diese Visualisierung 21 Tage lang 3-mal täglich.

Sagen Sie sich immer wieder Sätze vor, die diese Arbeit unterstützen, wie zum Beispiel:

- Selbst wenn ich nicht weiß, wie, beschließe ich, mich zu entwickeln.

- Ich atme die Energie der/des ... (z.B. Mutes/Solarplexus) ein und nehme sie an, damit sie in jedem Augenblick meines Lebens in mir und um mich herum strahlt.

Beispiel: Wenn Sie Selbstvertrauen entwickeln möchten und Ihr Symbol dafür ein Lichtschwert ist, stellen Sie sich vor, dass dieses Schwert im 3. Chakra leuchtet. Lassen Sie seine Energie sich entlang Ihrer Wirbelsäule und in Ihrem ganzen Körper ausbreiten.
Bearbeiten Sie nicht mehr als 3 Chakras gleichzeitig. Beginnen Sie mit dem, das Sie Ihrem Empfinden nach am dringendsten mit Lebensenergie nähren müssen.
Da sie miteinander verbunden sind, laden sich die Chakras auch gegenseitig mit Energie auf.

IV. Transpersonale Ausrichtung ...

... oder: wie wir unsere Liebesenergie und unsere Liebesfähigkeit steigern können?

Da mein Körper nicht nur aus Materie besteht, sondern auch ein **Energiekörper** ist, kann ich – indem ich mich auf mein Herz zentriere und visualisiere, wie es sich ausdehnt – meine Liebesenergie steigern, bis sie überfließt und jemand anderen mit einschließen kann.

1. Visualisieren Sie unter Ihren Füßen die Energie des Erdzentrums wie einen riesigen Feuerball. Beim Einatmen stellen Sie sich vor, wie die Energie durch Ihre Füße und Beine und weiter an der Wirbelsäule entlang bis in Ihr Herz emporsteigt. Lassen Sie sie beim Ausatmen ins Herz strömen und sich dort ausbreiten. Wiederholen Sie diesen Schritt, wenn Sie das Bedürfnis dazu haben. Diese Übung hilft Ihnen, sich besser zu verwurzeln und Ihre Fähigkeit zu steigern, das, was Sie erleben wollen, zu realisieren und umzusetzen.

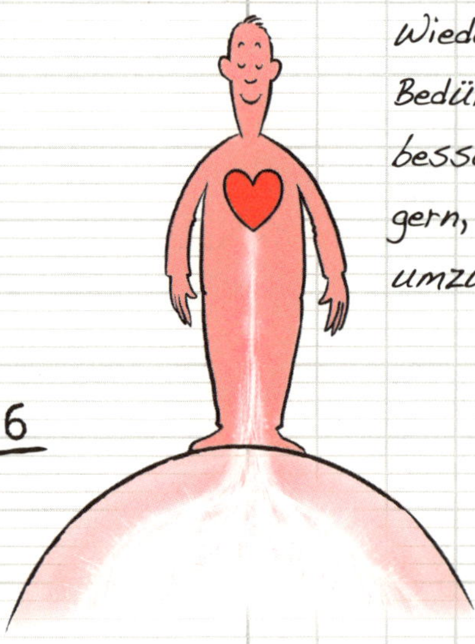

2. Visualisieren Sie anschließend 15 bis 20 cm über Ihrem Kopf einen Lichtball. Viele sehen ihn als Sitz der **Seele** (oder des Geistes, des subtilen Bewusstseins

usw. – nennen Sie ihn, wie es für Sie passt, je nach Ihrem Glaubenssystem. Er bezeichnet einen Aspekt Ihrer selbst, der größer ist als Sie und über Sie hinausreicht). Die Seele ist mit der Sonne verbunden, dem Symbol der universellen Energie. Atmen Sie ihre Energie ein, als würde sie von oben her in Ihren Kopf eintreten, lassen Sie sie in Ihren Körper hinabfließen und dann, während Sie ausatmen, in Ihr Herz einströmen. Lassen Sie sie sich anschließend in Ihrer Brust ausbreiten. Wenn Ihnen danach ist, wiederholen Sie diesen Schritt.

Diese Übung ist Ausdruck Ihres Wunsches, sich vertrauensvoll von Ihrer Quelle leiten zu lassen – von Ihrem guten Stern, Ihrem Schutzengel, der Lebensenergie, der Liebe ..., je nachdem, welchen Namen Sie ihr gegeben haben.

3. Visualisieren Sie beim nächsten Atemzug, dass Sie gleichzeitig die Energien der Erde und der Sonne einatmen und dass beide in Ihrem Herzen verschmelzen. Auch diesen Schritt können Sie wiederholen, wenn Sie das Bedürfnis danach haben.

Das Herz ist der Raum par excellence, in dem es möglich ist, dass Gegensätze verschmelzen und Dualität schwindet.

Atmen Sie nun ein paar Mal in Ihren Herzraum hinein, der sich zwischen dem physischen Herzen und der Brustwirbelsäule befindet, und lassen Sie beim Ausatmen die Energie, die sich dort angesammelt hat, sich in Ihrem ganzen Körper ausbreiten.

Meditieren Sie über dieses Zitat:

> »Werde, was du bist, tu, was du allein zu tun vermagst, folge der Stimme deines Herzens. Wir sind das EINE, das vielfältig erscheint und sich als Liebe offenbart.«
>
> Leonard Laskow

Unser Körper besteht – je nachdem, wie alt wir sind – zu etwa 70 Prozent aus Wasser, und – wir erinnern uns – im Zustand der Herzkohärenz vergrößert sich der Bindungswinkel zwischen den Wasserstoffatomen von 105° auf 109°C, was die Eigenschaften des Wassers verändert …

In diesem Zustand des Ausgerichtetseins entwickelt man eine ungeahnte Kraft, als seien die in diesem Energiefeld hervorgerufenen Intentionen um ein Vielfaches verstärkt (Intentionen, die unserem Wohlergehen und dem der anderen dienen, im Einklang mit der Energie der Liebe …).

V. Die harmonisierende Atmung

Diese Atemtechnik, auch als **ausgleichendes Atmen** oder **wechselseitige Nasenatmung** bezeichnet, ist eine wirksame Methode, um schnell in einen besseren Bewusstseinszustand zu gelangen und beide Gehirnhälften – die rationale und die emotionale – ins Gleichgewicht zu bringen.

Diese Atmung braucht ein wenig Übung, ist aber sehr wirkungsvoll.

»Durch die Synchronisierung unserer beiden Gehirnhälften erhöht diese Art der Atmung das Niveau vieler Leistungen, darunter die Konzentration, was insbesondere bei der Heilung sehr nützlich ist. Doch zu Beginn der Praxis ist es nicht leicht, diesen Zustand der ›ausgeglichenen Gehirnhälften‹ über längere Zeit aufrechtzuerhalten.«

Leonard Laskow: *Heilende Energie*

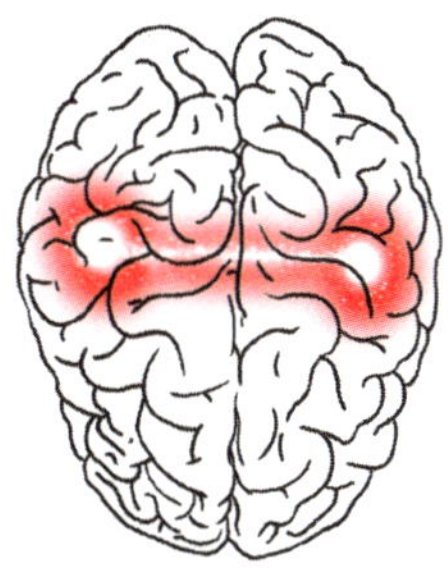

So geht's:

1. Atmen Sie ein, als würden Sie nur durch das **linke Nasenloch** atmen; spüren Sie, wie die Luft hindurchströmt, nehmen Sie die Temperatur wahr, wenn die Luft durch das Nasenloch fließt, stellen Sie sich vor, wie

sie bis in das Stirnchakra, auch Ajna-Chakra oder Drittes Auge genannt, in der Stirnmitte aufsteigt. Halten Sie den Atem kurz an und atmen Sie dann **nur durch das rechte Nasenloch** wieder aus. Konzentrieren Sie sich darauf, alle Empfindungen, die mit dem Ein- und Ausströmen der Luft einhergehen, zu spüren.

2. Atmen Sie jetzt durch das rechte Nasenloch ein bis ins Stirnchakra, halten Sie die Luft kurz an und atmen Sie dann durch das linke Nasenloch wieder aus.

3. Wiederholen Sie das Ganze 7-mal abwechselnd: erst durch das linke Nasenloch ein- und durch das rechte ausatmen, dann umgekehrt usw.

4. Atmen Sie beim 8. Atemzug durch beide Nasenlöcher ein und stellen Sie sich beim Ausatmen vor, dass die Luft durch die Mitte der Stirn wieder austritt.

5. Beim 9. Mal atmen Sie wieder durch beide Nasenlöcher ein und stellen Sie sich beim Ausatmen vor, dass die Luft am Hinterkopf wieder ausströmt.

6. Beim 10. Atemzug atmen Sie durch beide Nasenlöcher ein und stellen sich beim Ausatmen vor, dass die Luft durch den Scheitel wieder austritt.

VI. Austausch bedingungsloser Liebe

Diese Übung hat zweierlei zum Ziel: Mit ihrer Hilfe können Sie sowohl Liebe austauschen als auch den Heiler/die Heilerin in sich entwickeln.

Sie wird zu zweit ausgeführt: A und B stehen sich gegenüber und spielen abwechselnd Rolle A und B.

Anleitung für A:

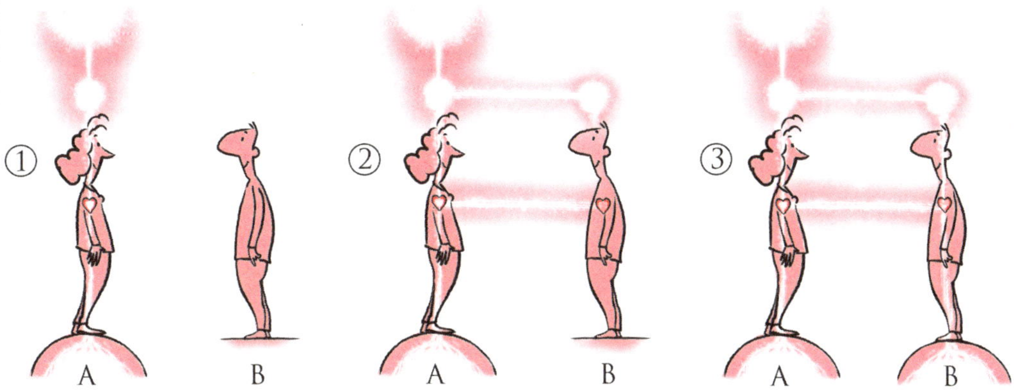

1. A richtet sich transpersonal aus.
2. A visualisiert einen ersten Lichtstrahl, der von seinem/ihrem Herzen ausgeht und bis zu Bs Herz reicht; dann einen zweiten Lichtstrahl, der von seinem/ihrem **Seelen**-Raum (oder dem höheren Bewusstsein: einem Lichtball über dem Kopf, vergleichbar mit der Sonnenscheibe auf dem Kopf ägyptischer Götter) ausgeht und bis zu Bs höherem Bewusstsein reicht.
3. A visualisiert B als transpersonal ausgerichtet, das heißt in Verbindung mit der Energie der Erde und der Sonne.
4. A stellt sich auf Höhe der Schulterblätter zwei leuchtende Flügel vor, die sich nach vorne entfalten und B in einen Kokon aus Licht und Liebe hüllen.

5. A lässt sich von **Liebesenergie** durchdringen: Dafür visualisiert er/sie sich als Kanal für Licht und Liebe, die er/sie von seinem/ihrem Körper aus auf B ausstrahlen lässt.
6. A stellt sich vor, das Energiefeld von B sei leuchtend, elektrisch und knisternd, überbordend mit diesem Licht der Liebe. Es ist, als würde B den Engel in sich wecken und sich darüber freuen.
7. Nach ein paar Minuten löst A die Verbindung von Herz zu Herz langsam auf und faltet die Lichtflügel wieder zusammen …
8. B dankt A für die Liebe, die er/sie empfangen hat.

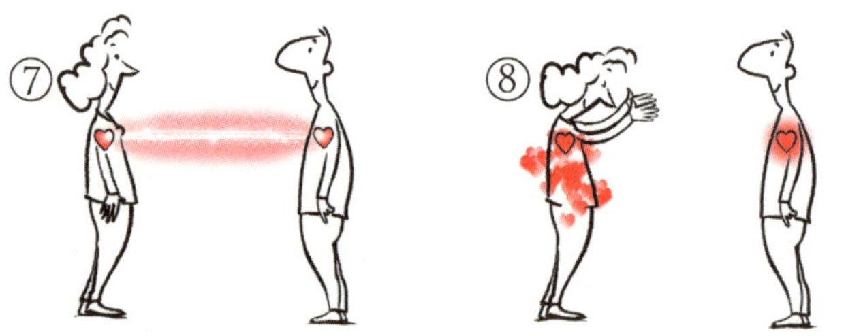

Anschließend tauschen A und B die Rollen.

Wir können uns auch selbst ***Liebesenergie*** *geben, indem wir uns als unser eigenes Gegenüber visualisieren und dieses Gegenüber in unsere Lichtflügel einhüllen, bis diese Liebe von seinem ganzen Körper ausstrahlt. In diesem Fall ist es wichtig, sich am Ende der Übung in einer einzigen Person wiederzuvereinigen, um zur Einheit zurückzufinden!*

Kurze Zusammenfassung zur Liebesenergie* von Michel Dogna, Heilpraktiker und Autor:

»Wir empfangen unentwegt die universelle Liebesenergie, sonst wären wir tot und würden in einen anderen Schwingungszustand übergehen. Doch manchmal ist unsere Empfangsfähigkeit herabgesetzt. Ursache dafür können verschiedene Formen der chemischen oder physischen Verunreinigung, aber auch psychisch bedingte Störungen unserer eigenen Schwingungen sein. Dann können wir nicht genug Energie aufnehmen, um uns aus eigener Kraft wieder aus diesem Zustand zu befreien. Gehen wir von folgendem Prinzip aus: Wenn wir krank sind oder eines unserer Organe nicht richtig arbeitet, dann deswegen, weil wir nicht genügend Zeit am Tag damit zubringen, die Energie der Liebe in uns aufzunehmen – schon 5 Minuten sind ausreichend. Aber wer tut das schon? Entweder wir glauben nicht daran oder es fehlt die Motivation, uns die Zeit dafür zu nehmen … In dem Moment, in dem wir krank werden (…), sollten wir nicht der Realität entfliehen und uns mit Fernsehen oder Lesen ablenken, sondern unserem Körper helfen, indem wir ihn mit der Energie der Liebe aufladen …«

* Was ich als »Liebesenergie« bezeichne, ist eigentlich eine Energie, die im gesamten Universum vorhanden ist; ich sehe sie als Quelle allen Lebens, und das unabhängig davon, ob es sich um menschliches Leben oder um das Tier- und Pflanzenreich handelt. Man könnte das Leben oder die Arbeit des Heilens als Fähigkeit definieren, diese schwingende Kraft zu empfangen, die die höchsten Frequenzen der kosmischen Klaviatur umfasst.

Leonard Laskow stellte beispielsweise Folgendes fest: Anfangs regen 5 Minuten Zorn zwar das Immunsystem an, weil dieses Gefühl die gesamte Energie des Körpers für sich in Anspruch nimmt, doch anschließend ist ein signifikanter Energieabfall zu verzeichnen! Im Gegensatz dazu konnte Laskow nachweisen, dass 5 Minuten Liebe die Abwehrkräfte dauerhaft stärken ...

Es liegt bei uns, die richtigen Schlüsse daraus zu ziehen! Bruce Lipton, Mediziner, Zellbiologe und Autor, weltweit bekannt wegen seiner Entdeckungen auf dem Gebiet der Epigenetik (Erforschung der molekularen Mechanismen, mit denen die Umgebung die Aktivität unserer Gene kontrolliert), wies nach, dass die Umwelt, der unsere Zellen ausgesetzt sind, der ausschlaggebende Faktor für unsere Gesundheit ist.

Insbesondere fand er in Experimenten Folgendes heraus: Setzt man kranke Zellen einer Umgebung aus, die dem Ausschütten der Botenstoffe Dopamin, Oxytocin oder auch Serotonin förderlich ist - also einem gesunden Umfeld -, dann regenerieren diese Zellen sich selbst. Diese Feststellung wirft viele etablierte Dogmen über den Haufen und offenbart uns einen neuen Ansatz der modernen Medizin; sie unterstreicht, dass wir alle über eine innere Macht verfügen, unsere Gesundheit zu beeinflussen.

Er bekräftigt:

»Nicht die Gene, sondern unser Glaube und unsere Überzeugungen kontrollieren unser Leben.«

Bruce Lipton: *Intelligente Zellen. Wie Erfahrungen unsere Gene steuern*

So weiß man heute, dass unsere Zellen durch Faktoren wie Magnetfelder, Herzkohärenz, angenehme emotionale Zustände, freundliche Gedanken usw. positiv umprogrammiert werden können.

In diesem Zusammenhang interessant ist auch das Ergebnis eines klassischen Versuches, in dem Freiwilligen 2 Filme gezeigt wurden: Der 1. Film zeigte zum Beispiel, wie Mutter Teresa Kranke pflegte, und der 2., wie Soldaten im Kampf Feinde töteten. Nach jedem Film wurde der IgG-(Immunglobulin-G-)Wert im Speichel der Testpersonen gemessen, um ihre Immunantwort zu prüfen.

Das Ergebnis: Der IgG-Wert war nach dem Anschauen des ersten Film signifikant gestiegen und dieser Effekt hielt mehrere Stunden lang an! Dagegen war der Wert nach dem zweiten Film fast 6 Stunden lang vermindert – und damit die körperliche Abwehrkraft der Probanden geschwächt.

VII. Messen und Umwandeln schädlicher Schwingungen: Wünschelrute, Steine und Mantras

Jede Art von Verunreinigung (schädliche Schwingungen, unangenehme Gemütszustände, negative Gedanken ...) kann unser Magnetfeld stören. Um es wieder ins Gleichgewicht zu bringen, gibt es verschiedene Methoden, von denen wir Ihnen hier einige vorstellen:

»Der Ausschlag einer Wünschelrute hat gewiss nichts Magisches an sich, geschweige denn etwas Göttliches; sie reagiert einfach auf den unwillkürlichen Reflex des Rutengängers, nämlich als sichtbarer Verstärker unsichtbarer Muskelkontraktionen. Das bedeutet, ohne eine enge Verbindung zwischen Rute, Händen und Denken funktioniert die Methode nicht. Der Rutengänger muss seine Aufmerksamkeit klar und vollständig auf die Aufgabe richten. Dann bildet sich wahrscheinlich eine Brücke zwischen seinem Bewusstsein (konzentriert auf das gesuchte Objekt) und dem Unterbewusstsein, das von da an winzige Muskelreflexe hervorruft, die die Rute durch ihre Bewegung verrät.«

Daniel Duc: *Devenir sourcier*

Erkunden wir zunächst, wie wir dieses Magnetfeld mithilfe einer **Wünschelrute** messen können. Anschließend testen wir unsere Fähigkeiten, die Energie einer Speise umzuwandeln. Schließlich verwenden wir die Energie von Steinen und Mantras, um schädliche Elemente, die wir durchleben oder mit denen wir in Berührung kommen, abzuschwächen.

Wünschelruten sind Werkzeuge zum Aufspüren verschiedenster Informationen. In unseren Händen fungieren sie als Antennen, die mit unserem Sachverstand und unserer Hilfe durch ihre Reaktionen das Ergebnis unserer Suche erfassen und anzeigen.

»Jeder Rutengang ist eine energetische und somit eine subtile Sondierung! Sie machen Wasser ausfindig, weil Ihre Energie mit der Energie des unterirdischen Wassers in eine Schwingung eintritt. Sie entdecken, dass eine Störung vorhanden ist, weil Ihr ›energetischer Körper‹ Energie-Dysbalancen spürt. Sie lokalisieren einen unterirdischen Hohlraum, einen verlorenen Gegenstand, messen ein Aurafeld … immer auf rein energetischer Basis. (…) Ihr ganzer Körper ist eine Antenne, die die Wellen, die Sie suchen, auffängt. Das Aufspüren vollzieht sich nicht nur auf der Ebene der Hände und der Rute, sondern Ihr gesamter Körper begibt sich in das Unsichtbare. Denken Sie an ein Radio: Könnten Sie allein mit einer Antenne die Nachrichten hören? Natürlich nicht, der Radioapparat mit all seiner komplexen Technik ist auch noch da. Doch ohne seine kleine Metallantenne bleibt er stumm.«

Thierry Gautier, in: »Géobiologie Magazine«, Nr. 7

Eine Winkelrute herstellen

Eine Winkelrute ist eine Form der Wünschelrute, die auch Ungeübte ohne großen Aufwand herstellen und leicht handhaben können.

So geht's:

Sie brauchen lediglich 2 Metallstäbe von 50 cm Länge und 3 mm Stärke (lassen sich leicht mit dem Drahtschneider aus 2 Metallkleiderbügeln herstellen). Markieren Sie auf beiden Stäben eine Länge von 15 cm. An dieser Stelle biegen Sie das Metall in einem Winkel von 90°. Fertig ist Ihre Winkelrute. Die kurzen Enden sind die Griffe, die langen die Antennen.

Die Wünschel- bzw. Winkelrute ermöglicht uns den Zugang zu unserem Unterbewusstsein, das heißt zu jenen 97 Prozent unseres Gehirns, die uns mit unserem normalen Bewusstsein nicht zugänglich sind. Schon geringfügige unbewusste Muskelbewegungen unserer Unterarme, ausgelöst durch Veränderungen der Parameter unserer Hormondrüsen (Zirbeldrüse, Hypophyse, Nebennieren, Thymusdrüse, Schilddrüse sowie Eierstöcke bzw. Hoden), rufen eine Drehung der Metallstäbe hervor. Dies geschieht als Antwort auf gestellte Fragen, nachdem ein Code zur Interpretation der Bewegungen festgelegt wurde. Zum Beispiel können wir entscheiden, dass ein JA als Antwort auf eine Frage sich dadurch äußert, dass die Winkelrutenstäbe sich auseinanderbewegen, und ein NEIN dadurch, dass sie

sich annähern. Wenn Sie dieses Thema vertiefen möchten, lesen Sie das Buch von Elizabeth Brown: Dowsing. Mit der alten Kunst der Radiästhesie zu Bewusstsein und ganzheitlicher Gesundheit, Trinity: München 2011.

Übung: Das Energiefeld meines Partners/meiner Partnerin messen

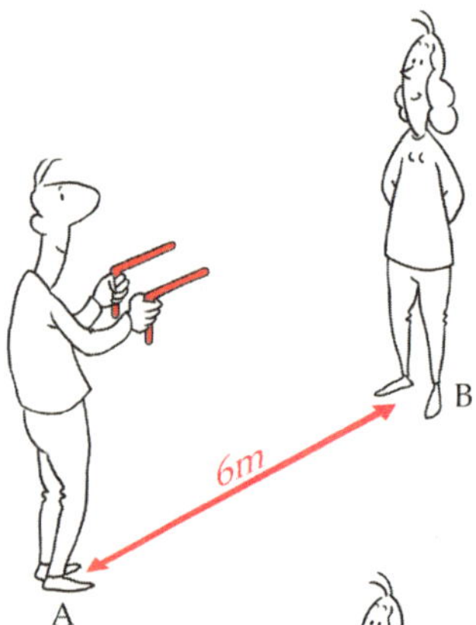

Person A misst das Energiefeld von Person B während diese aufrecht steht, ohne sich zu bewegen, und an nichts Besonderes denkt.

A ist etwa 6 m von B entfernt.
A hält in jeder Hand einen Stab der Winkelrute am kurzen Ende. Die langen Teile (die Antennen) sind parallel zum Boden und zueinander; der Abstand zwischen den Stäben beträgt etwa 10 cm.

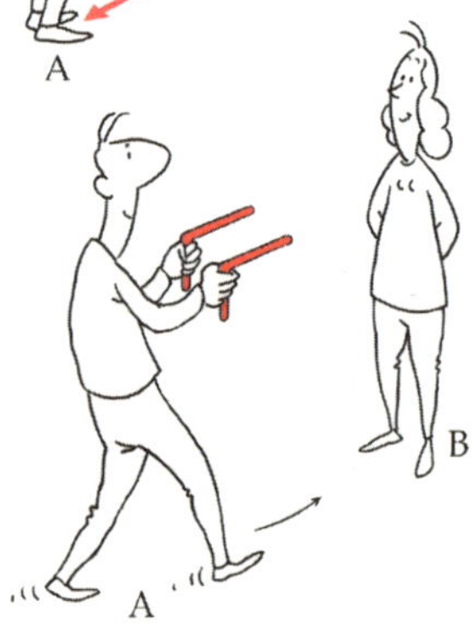

A wartet, bis die Antennen unbeweglich und parallel sind, bevor er/sie auf Person B zugeht.

A bittet: *Zeigt mir, indem ihr eure Enden auseinanderbewegt, die Begrenzung des Grundenergiefelds von B in diesem Moment.*

A geht auf B zu und bleibt stehen, wenn die Enden der Stäbe auseinandergehen. Die Entfernung zwischen A und B zeigt die Ausdehnung des Energiefelds von B an.

Da die Stäbe unsere Fragen aus unserem Unterbewusstsein heraus beantworten, werden die Antworten umso klarer sein, je eindeutiger und neutraler unsere Fragen sind und je weniger wir ein bestimmtes Ergebnis erwarten.

Gehen Sie ohne Vermutungen, Erwartungen oder Zweifel an die Sache heran.

Mit anderen Worten: Diese Arbeit erfordert es, dass wir »unseren Kopf ausschalten«!

Vorschläge für weitere Übungen:

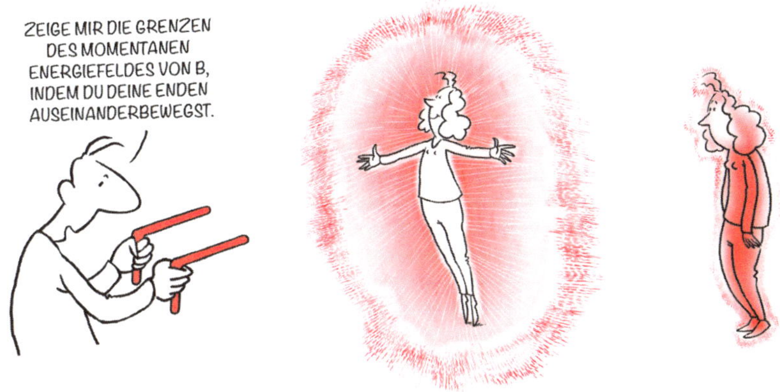

B denkt an etwas Vergnügliches.
A bittet die Winkelrute: *Zeige mir die momentanen Grenzen des Energiefeldes von* **B**, *indem du deine Enden auseinanderbewegst.*
Oder:
B denkt an etwas Trauriges.
A bittet die Winkelrute: *Zeige mir die momentanen Grenzen des Energiefeldes von* **B**, *indem du deine Enden auseinanderbewegst.*
Sie können die Übung mit verschiedenen Gefühlen durchführen.

Was fällt Ihnen auf?

....

Übung: Ein Nahrungsmittel mit Energie aufladen

1. Nehmen Sie eine Orange und messen Sie ihre energetische Ausstrahlung.

2. Schneiden Sie sie in 2 Teile und legen Sie eine Hälfte vor sich, die andere außer Reichweite beiseite.

3. Richten Sie sich transpersonal aus und stellen Sie sich vor, dass die Sonne sich in Ihren Armen, Ihrem Herzen und bis ins Innere der Orange vor Ihnen ausbreitet und dort einen Minitornado aus Licht erzeugt.

4. Um die Wirkung zu erhöhen, können Sie sich eine Lichtbrücke von Ihrem Herzen bis zu der Orangenhälfte vor sich vorstellen; danken Sie der Orange, dass sie sich Ihnen als Nahrung zur Verfügung stellt. Sie können sich auch beim Orangenbaum bedanken, bei dem Orangenfarmer, bei der Erde …

5. Messen Sie nun die Energie der aufgeladenen Orangenhälfte und die Energie der Hälfte, die Sie außer Reichweite gelegt haben.

6. Riechen und schmecken Sie dann den Unterschied.

Sie können Wasser oder Speisen vor dem Verzehr »mit Energie aufladen« und sogar Wein geschmacklich verändern! Doch Vorsicht: Nehmen Sie keinen zu guten Wein, denn es ist zwar möglich, einen jungen Wein durch Liebe reifen zu lassen, aber ein bereits hochwertiger Wein könnte dadurch an Qualität verlieren!
Es geht nicht darum, das Wunder der Hochzeit zu Kana zu wiederholen (und Wasser in Wein zu verwandeln) oder einen Grand Cru zu kreieren. Setzen Sie einfach die transformatorische Kraft Ihrer Liebesenergie um.

Übung: Die Strahlung Ihres Handys messen

1. Legen Sie zunächst Ihr Handy beiseite und lassen Sie Ihren Partner/Ihre Partnerin Ihr Energiefeld messen.
2. Nun nehmen Sie Ihr Handy in die Hand und lassen Sie Ihr Energiefeld erneut messen.
3. Was stellen Sie fest?

....

....

Die elektromagnetischen Wellen elektronischer Geräte stören unser eigenes elektromagnetisches Feld (bei manchen Menschen wirkt sich das sehr drastisch aus, bis hin zu Schmerzen, Krankheiten, Depressionen …). Glücklicherweise können diese schädlichen Schwingungen durch bestimmte Steine abgemildert werden. Diese Steine können durch ihre eigene Schwingungsfrequenz dazu beitragen, die störenden Wellen zu absorbieren, unsere Verwurzelung mit der Erde zu stärken und unser Energiefeld zu schützen.
Führen Sie die oben beschriebene Messung noch einmal durch, während Sie einen schwarzen Turmalin oder einen Schungit am Körper tragen.
Es ist interessant, mit verschiedenen Steinen zu experimentieren und das eigene Energieniveau mit und ohne Stein zu messen, um die jeweilige Veränderung zu überprüfen. Das Beste ist, sich von der eigenen Intuition leiten zu lassen und der Anziehungskraft der Steine zu folgen, die diese auf einen ausüben.

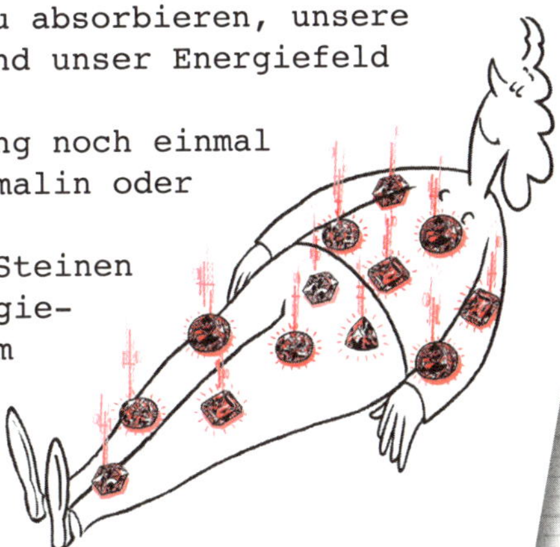

Die schützende Kraft der Mantra-Rezitation

In zahlreichen spirituellen Traditionen rezitiert man **Mantras**. Das sind Lautabfolgen mit höheren Schwingungen, die sich positiv auf unsere Psyche auswirken; dadurch werden unser Wohlbefinden und unsere energetische Ausstrahlung gesteigert.

Menschen, die regelmäßig Mantras rezitieren, bestätigen die positiven Auswirkungen dieser Praxis, zu denen auch die Fähigkeit gehört, Gefühle zu kanalisieren, sich zu zentrieren, den Geist zu beruhigen, das Herz zu öffnen und zu meditieren.

Mirra Alfassa, Begründerin des Projekts Auroville und besser bekannt als »Die Mutter«, bestätigte:

»Man erkennt sofort den Unterschied zwischen denjenigen, die regelmäßig ein Mantra wiederholen, und jenen, die es nicht tun (…). Selbst wenn diejenigen, die kein Mantra rezitieren, sehr viel Erfahrung mit Meditation und Konzentration mitbringen, ist doch gleichsam etwas Verschwommenes, Unklares um sie herum. Dagegen verleiht Japa (Mantra-Rezitation) den Praktizierenden gewissermaßen etwas Klares, Festes: Als hätten Sie eine Rüstung. Als seien Sie mit Metall überzogen.«

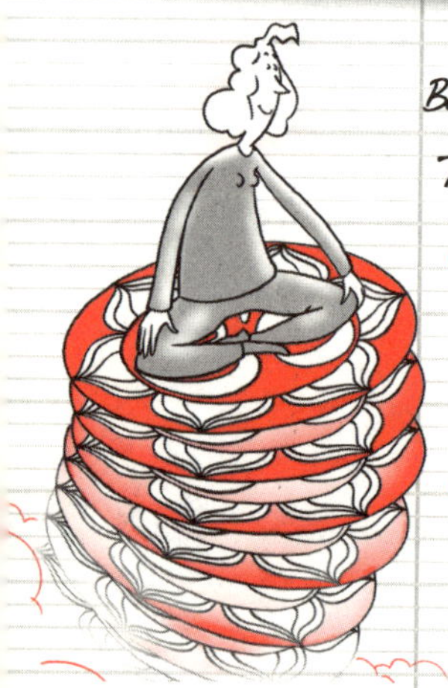

Beispiele für heilige Mantras, die in der tibetischen und indischen Tradition rezitiert werden:

- Om mani padme hum: **Oh du Juwel im Lotus**
- Om Namah Shivaya: **Ich verneige mich vor dem Göttlichen**
- Om Shanti: **Frieden**

Wir können uns auch unser eigenes Mantra kreieren, indem wir von einer inneren Überzeugung ausgehen, die uns bislang fehlt, die uns aber in unseren Lebensherausforderungen unterstützen würde. Um die Wirksamkeit eines Mantras zu erhöhen, ist es gut, es im Zustand der Ausrichtung (s. Übung auf S. 26) zu rezitieren.

Übung: Unterstützung durch ein Mantra

1. Verfassen Sie ein eigenes Mantra, das zu glauben Ihnen guttäte.

Beispiel: *Ich liebe mich, wie ich bin, und ich akzeptiere mich voll und ganz.*

Der Satz sollte kurz und positiv formuliert werden, realisierbar und realistisch sein!

....

....

2. Welche der folgenden Sätze gehören Ihrer Einschätzung nach zu den guten Mantras und welche halten Sie für unnütz oder sogar riskant?

1. **Diesen Vertrag werde ich auf jeden Fall an Land ziehen.**
   ❑ Gut ❑ Unnütz ❑ Riskant
2. **Wenn andere es geschafft haben, schaffe ich es auch.**
   ❑ Gut ❑ Unnütz ❑ Riskant
3. **Ich tue, was in meiner Macht steht, und dann lasse ich das Ergebnis einfach auf mich zukommen.**
   ❑ Gut ❑ Unnütz ❑ Riskant
4. **Meine positiven Eigenschaften sind genauso wertvoll wie die der anderen.**
   ❑ Gut ❑ Unnütz ❑ Riskant
5. **Die Prüfung morgen bestehe ich.**
   ❑ Gut ❑ Unnütz ❑ Riskant
6. **Von jetzt an überlasse ich nichts mehr dem Zufall und nehme mein Leben in die Hand.**
   ❑ Gut ❑ Unnütz ❑ Riskant
7. **Auch wenn die Bremsen an meinem Auto nicht gut funktionieren, wird mir schon nichts passieren.**
   ❑ Gut ❑ Unnütz ❑ Riskant
8. **Was auch geschieht, ich finde in mir die Kraft, um diese schwierige Situation durchzustehen.**
   ❑ Gut ❑ Unnütz ❑ Riskant

Antworten:
2, 3, 4, 6, 8 sind realistische, realisierbare, beruhigende und ermutigende Mantras!
1, 5, 7 sind nicht unbedingt proaktiv (1), realistisch (7) und realisierbar (5: Wenn ich den Prüfungsstoff nicht gelernt habe, ist die Wahrscheinlichkeit, dass ich bestehe, äußerst gering!).

VIII. Vergeben oder: schwierige Beziehungen transformieren

Bisweilen haben wir schwierige Beziehungen, die durch Falschheit und (un)bewusste, von uns nicht kontrollierbare »Spielchen« belastet sind. Abhängigkeiten, Machtspiele, Besitzdenken, Eifersucht usw. – all dies bewirkt, dass wir uns von der Liebe entfernen.

Liebe ist aber eine Energie, die befreit!

Tatsache ist: Beim Gedanken an einen anderen Menschen zornig oder traurig zu sein schadet uns und nimmt eine enorme Menge unserer Energie in Beschlag. Unser tiefstes Wesen will in Frieden und Liebe leben. Vergeben bedeutet, dass wir diese in uns blockierte Energie befreien, um sie für unsere Weiterentwicklung zu nutzen.

Es geht nicht darum, Geschehenes zu vergessen, es zu akzeptieren oder sogar zu mögen. Vielmehr sollten wir lernen, loszulassen und zuzulassen, dass die mit einem bestimmten Menschen oder Ereignis einhergehende emotionale Aufladung vergeht. Vergeben ist ein Akt der Liebe GEGENÜBER UNS SELBST.

Um Ihre Beziehung zu bestimmten für Sie schwierigen Menschen besser einzuschätzen, messen Sie zunächst Ihre Grundenergie. Messen Sie sie dann erneut, während Sie an die jeweilige Person denken. **Was fällt Ihnen auf?**

Übung: Vergeben (inspiriert von Holoenergetics©)

Erster Teil: Einer anderen Person vergeben

1. Legen Sie fest, wem Sie vergeben wollen.
2. Fragen Sie sich, ob Sie jetzt dazu bereit sind.
3. Falls ja, konzentrieren Sie sich auf Ihren Solarplexus (auch Sonnengeflecht genannt; befindet sich am Übergang vom Brustkorb zur Magengrube) und atmen Sie 2-mal durch diesen ein. (Wenn nicht, seinen Sie mitfühlend mit sich selbst, weil Sie noch nicht dazu bereit sind, und gewähren Sie sich einen Augenblick bedingungsloser Liebe. Fahren Sie nicht weiter fort mit dieser Übung.)

4. Atmen Sie noch einmal (durch den Solarplexus) ein, halten Sie die Luft an, atmen Sie (durch den Solarplexus) aus und visualisieren Sie am Ende der Ausatmung die betreffende Person, umgeben von einem violetten Licht-Oval.
5. Sagen Sie ihr innerlich ALLES, was Sie auf dem Herzen haben, ALLES, was sie getan oder unterlassen hat und was Ihnen Stress, Schmerz, Kummer, Zorn usw. bereitet hat.

6. Nehmen Sie sich die Zeit, die Sie brauchen, um alles loszuwerden, was Ihnen auf der Seele liegt, indem Sie der Person die Ereignisse genau in Erinnerung rufen. Lassen Sie zu, dass Sie Schmerz, Zorn, Traurigkeit – all Ihre Gefühle und Empfindungen – spüren. Danach werden Sie sich schon etwas leichter fühlen. Durch Ihre negativen Empfindungen waren Sie nämlich Kerkermeister Ihres 2-fachen Gefängnisses: Sie hielten diese Person in sich gefangen UND haben damit gleichzeitig Ihre eigene Lebensenergie blockiert. Machen Sie sich bewusst, dass Sie durch Ihre leidvollen Gedanken und Gefühle und durch Ihre Vorwürfe an diese Person gekettet waren.

7. Stellen Sie sich nun vor, Sie würden den Schlüssel der Vergebung in das Schloss an der Pforte dieses Gefängnisses einführen und sich anschicken, diese Person endgültig zu befreien, damit sie ihren Weg fortsetzt. Dadurch wird auch Ihre bislang blockierte Energie wieder frei und kann nun Ihre Heilung und Entwicklung fördern.

8. Atmen Sie tief durch den Solarplexus ein, während Sie Ihre Aufmerksamkeit auf die Person im Oval richten. Halten Sie kurz die Luft an und bringen Sie, während Sie kräftig ausatmen, ihr Bild zum Verschwinden. Sehen Sie, wie sie sich auflöst und sich im Raum in Licht verwandelt.

9. Fassen Sie folgenden Beschluss: Wenn Sie sich in Zukunft an die Person wenden, dann sprechen Sie immer aus dem Herzen, sei es verbal oder nicht.

Zweiter Teil: Sich selbst vergeben

Dieser Teil ist wichtig, denn wir erliegen einer Illusion, wenn wir meinen, anderen vergeben zu können, ohne uns selbst vergeben zu haben.

1. Visualisieren Sie sich selbst in 3-facher Gestalt vor Ihrem inneren Auge: links als Kind, in der Mitte als Teenager und rechts als Erwachsener.
2. Hauchen Sie mit Ihrem Atem allen 3 Bildern von sich hintereinander Vergebung ein – Vergebung für alles, was Sie getan oder unterlassen haben, für alles, was Sie bereuen, wofür Sie sich schämen oder weswegen Sie sich schuldig fühlen. Lassen Sie sich Zeit.
3. Nehmen Sie das Kind, den Teenager und den Erwachsenen liebevoll in die Arme (wie eine Mutter ihr Kind »knuddeln« würde). Führen Sie sie zu Ihrem Herzen, damit sie darin miteinander verschmelzen und sich auflösen.

Sagen Sie:

Ich vergebe alles und lasse alles frei, Vergangenheit und Gegenwart, Bekanntes und Unbekanntes, zum Wohle aller, einschließlich meiner selbst. Ich bin frei!

Dritter Teil: In bedingungsloser Liebe baden

1. Werden Sie einen Moment Ihr bester Freund.
2. Versetzen Sie sich in Gedanken an den friedlichsten und glücklichsten Ort, den Sie kennen.
3. Wenn Sie dort sind, konzentrieren Sie sich auf Ihr Herz und rufen Sie die Empfindung totaler, vollständiger, grenzenloser, bedingungsloser Liebe für das kleine Kind, den Teenager und den Erwachsenen in sich hervor.
4. Füllen Sie Ihre Brust beim nächsten Einatmen mit einem Licht der Liebe und lassen Sie es von Ihrem Herz zu den Schultern emporsteigen und dann wieder an Ihren Armen entlang bis zu den Fingern hinabfließen ...
5. Lassen Sie das Licht beim nächsten Einatmen in den Hals aufsteigen, dann in Ihren Kopf, damit es dann wie eine Lichtfontäne der Liebe aus dem Scheitel nach oben sprudelt, in Kaskaden innen und außen an Ihrem Körper hinabrinnt und dabei alles, was momentan Ihr essenzielles Wesen aus Liebe und Freude verdeckt, reinigt, auflöst, befreit und durch Ihre Füße in die Erde schwemmt.

6. Lenken Sie Ihre Aufmerksamkeit auf den Raum 20 cm oberhalb Ihres Kopfes und stellen Sie sich dort eine Sphäre strahlenden Lichts vor. Dieses Licht fällt nun durch Ihren Scheitel nach unten und setzt sich in Ihrem Herzen fest, bis Ihr ganzer Körper leuchtet und dieses Leuchten sich sogar außerhalb von Ihnen ausbreitet. Spüren Sie die Liebe, die Ihr tiefes Wesen für Sie – seinen leibhaftigen Ausdruck – empfindet.

7. Sagen Sie dieser Liebe: **Vergib, was zu vergeben ist, tu, was zu tun ist, liebe, was zu lieben ist, damit ich zu meiner Einheit, meiner Ganzheit zurückfinde …**

8. Beobachten Sie, was dieser Satz in Ihnen auslöst, atmen Sie einmal ganz tief ein und spüren Sie beim Ausatmen die Energie der Liebe, die sich in allen Zellen Ihres Körpers ausbreitet, damit sie von unendlicher, grenzenloser Liebe genährt werden.

IX. Träume verwirklichen oder: wie ich mich mit der universellen Energie verbinde

Wir können die Entscheidung treffen, zu programmieren, dass das, was wir gerne hätten, tatsächlich eintritt – wobei das Wohlergehen aller respektiert wird.
Eine echte Kreation, eine echte Bitte ist ein gedanklicher Auftrag, den wir an das Universum schicken.

»ALLES, WAS WIR SIND, IST DAS ERGEBNIS DESSEN, WAS WIR GEDACHT HABEN.«

Wenn wir auf unser Herz und unsere höhere Dimension ausgerichtet sind, wird unser gedanklicher Auftrag von einer höheren Schwingung unseres Wesens ausgesandt, und das steigert die Chancen, dass er verwirklicht wird.

So geht's:

1. Denken Sie an etwas, das Sie in Ihrem Leben gerne verwirklicht sehen würden. Seien Sie KONKRET! Wenn Sie zum Beispiel sagen: »Ich will Erfolg im Leben haben«, ist das zu ungenau. => Bestimmen Sie exakt, in welchem Bereich, wann, mit wem, in welcher Form usw. es geschehen soll. => Zum Beispiel: »Wenn es für mich richtig ist, dann finde ich innerhalb von 3 Monaten im Umkreis von 30 km von meinem Zuhause eine Anstellung, die mir gefällt und ein Monatsgehalt von mindestens ... € einbringt.«

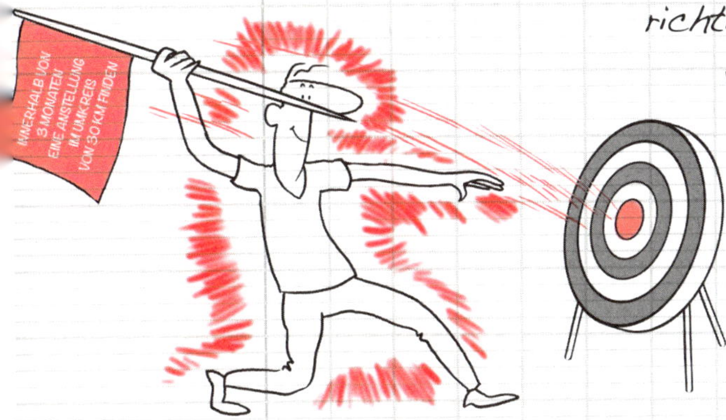

Spüren Sie körperlich und emotional ALLES, was Sie empfänden, wenn Ihr Wunsch bereits in Erfüllung gegangen wäre, und nehmen Sie wahr, ob diese Gefühle auch wirklich aus Ihrem Herzen kommen. Spüren Sie es voll und ganz? Wollen Sie es von ganzem Herzen? (Wenn möglich, nehmen Sie sich für diesen Teil der Übung mehrere Minuten Zeit.) Falls die Gefühle nicht in Ihrem Herzen sind, formulieren Sie das, was Sie in Ihrem Leben Wirklichkeit werden lassen wollen, noch sorgfältiger.

2. Wenn Sie es nicht von ganzem Herzen wollen, ist dieser Prozess wirkungslos! Wollen Sie es dagegen wirklich, dann **entscheiden** Sie stillschweigend, **dass die betreffende Sache** – oder sogar etwas noch Besseres – **sich in Ihrem Leben manifestiert, und setzen Sie dafür eine genaue zeitliche Frist fest.** Fordern Sie Ihren Geist auf, einen Moment zur Ruhe zu kommen und alle Gedanken, Bilder, Gefühle oder Empfindungen im Zusammenhang mit dieser Manifestation zu unterbrechen.

3. Lenken Sie die Aufmerksamkeit in Ihr Herz. Atmen Sie 3-mal langsam und tief durch die Brustmitte ein und aus. Lassen Sie jegliche Anstrengung los, entspannen Sie sich.

4. Rufen Sie sich einen Moment in Erinnerung, in dem es Ihnen wirklich gut ging und Ihr Herz weit und offen war. Erfüllen Sie diese Erinnerung wieder mit Leben, lassen Sie zu, dass Sie die damit verbundenen Gefühle jetzt spüren – vielleicht ist es Liebe, Zärtlichkeit, Dankbarkeit, innerer Frieden, Freude oder Harmonie? Spüren Sie sie alle und atmen Sie dabei durch Ihr Herz.

5. Fokussieren Sie Ihre Aufmerksamkeit auf das Herz und bitten Sie seine intuitive Weisheit, seine Intelligenz: »Verwirkliche meinen Wunsch auf die wirksamste und nützlichste Art und Weise innerhalb des vorgesehenen Zeitraums, zum Wohl und dem Wohl aller.«

6. Atmen Sie tief durch das Herz ein und überantworten Sie beim Ausatmen Ihren Wunsch dem Universum.

7. Visualisieren Sie das erhoffte Ergebnis so detailliert wie möglich und spüren Sie voll und ganz, wie es sich auf Sie auswirkt.

8. Erlauben Sie der Intention Ihres Herzens, sich mit dem universellen Feld aller Möglichkeiten zu synchronisieren, um das gewünschte Ergebnis zu manifestieren.

9. Beschließen Sie, alles zu tun, was für die Realisierung des Projekts notwendig ist, und legen Sie fest, was Sie als ersten Schritt unternehmen wollen.

10. Machen Sie sich bewusst, dass der Prozess der Verwirklichung bereits im Gange ist.

X. Konzentration auf ein Ziel

Wir nähern uns nun dem Ende dieses Heftes und sprechen hier einen zentralen Punkt der Heilung durch Liebe an: unsere Konzentrationsfähigkeit und unser Durchhaltevermögen, die für das Gelingen jedes Vorhabens notwendig sind.

»Was auch immer man im Leben verwirklichen will, eines ist absolut unentbehrlich: (...) die Fähigkeit, die Aufmerksamkeit zu konzentrieren. Wenn wir die Strahlen der Aufmerksamkeit und des Bewusstseins in einem Punkt zusammenführen können und in der Lage sind, diese Konzentration beharrlich aufrechtzuerhalten, ist uns nichts mehr verwehrt – von der körperlichen Entwicklung der materiellsten Art bis hin zur höchsten spirituellen Entwicklung. Doch diese Disziplin muss kontinuierlich beibehalten werden ...

Die Entwicklungsfähigkeit eines Menschen ist direkt proportional zu seiner Fähigkeit zur Aufmerksamkeit ... Alles ist durch eine intensive, hartnäckige Konzentration erreichbar – doch man muss lernen, sie zu praktizieren. Es gibt nichts im Bereich des Menschlichen und selbst des Übermenschlichen, dessen Schlüssel nicht im Konzentrationsvermögen liegt ... Ihr könnt der beste Sportler, das beste künstlerische, literarische oder wissenschaftliche Genie, der größte Heilige werden – mit dieser Fähigkeit! In jedem von uns ist sie schon ansatzweise vorhanden ...«

Mirra Alfassa (»Die Mutter«)

Hier ein paar Sätze zum Ausmalen, über die Sie meditieren können:

Ein Großteil meiner Fähigkeit zur Verwirklichung beruht auf meiner Konzentration, meiner Entschlossenheit und auf regelmäßigem Üben.

*

Was man lernen muss, um es zu tun, lernt man, indem man es tut.

Aristoteles

Liebe,
Liebe,
Liebe,
ist die Seele
des Genies!

Wolfgang Amadeus Mozart

Wie wollen Sie vorgehen, um Ihre Fähigkeit, sich dauerhaft auf etwas zu konzentrieren, zu entwickeln?

Ich verpflichte mich, folgende Dinge zu tun, um meine Konzentrationsfähigkeit zu entwickeln:

(Nennen Sie eine der Übungen, mit denen wir uns bereits befasst haben und die Sie praktizieren wollen. Legen Sie fest, wo, wann, wie und wie lange Sie sie machen wollen.)

–

–

–

»Jede Zelle unseres Körpers, und sei sie an der Fußsohle, trägt in sich den Embryo all unserer Organe, unserer Sinne und unseres Herzens.«

Anne und Daniel Meurois-Givaudan: *Essener Erinnerungen*

Wir sind nun am Ende angelangt und schließen mit einem Zitat von Leonard Laskow:

»Im Einklang mit der Liebe zu sein ist eine Entscheidung. Genau dann ist der Widerstand gegenüber Veränderungen am geringsten und wir können sie mit höchster Effizienz herbeiführen.«

Denken Sie immer daran: Wenn die Heilkraft der Liebe unserem Herzen entströmt und sich von unserem Glauben und unserem inneren Frieden nährt, dann bringt sie auch Entspannung und Freude mit sich ... Und dann kann unsere Lebensenergie – die Quelle von Ausgeglichenheit und Gesundheit – sich entfalten.

Das wünschen wir Ihnen von ganzem Herzen!

Unser herzlicher Dank gilt:

- Leonard Laskow für seine Weisheit und seine scharfsinnigen Lehren, die wir in diesem kleinen Übungsheft mit seiner freundlichen Erlaubnis weitergeben dürfen.
- Alexia Fachon, Holoenergie-Praktizierende und Schöpferin des Holo-Yoga, für das Lesen des Manuskripts und ihre bereichernden Beiträge, die den Schreibprozess begleitet haben.
- Céline van De Wouwer für ihre wertvollen Anmerkungen zum Manuskript.
- Sophie le Jeune, Michel van Bellinghen, Serge van Meerbeeck und Jean-Yves Philippe, Geobiologe, für ihre Unterstützung bei der Ausarbeitung dieses Heftes.
- Ghislaine Dulier, Autorin und Herausgeberin von Éditions Valentine, für ihre hochqualifizierte Redaktion des Manuskripts.

Kleine Taschenbibliothek und Internetlinks

Brennan, Barbara Ann: *Licht-Arbeit. Heilen mit Energiefeldern*, Goldmann: München 1998.

Brown, Elizabeth: *Dowsing. Mit der alten Kunst der Radiästhesie zu Bewusstsein und ganzheitlicher Gesundheit*, Trinity: München 2011.

Chopra, Deepak: *Lerne lieben, lebe glücklich. Der Weg zur spirituellen Liebe*, Bastei Lübbe: Köln 1998.

Laskow, Leonard: *Heilende Energie*, Irisiana: München 1995.

Lipton, Bruce: *Intelligente Zellen. Wie Erfahrungen unsere Gene steuern*, KOHA: Burgrain 2006.

Marx, Susanne: *Herzintelligenz® kompakt. Gesund und gelassen, klar und kreativ*, VAK: Kirchzarten 2012.

Meurois-Givaudan, Anne und Daniel: *Essener Erinnerungen. Die spirituellen Lehren Jesu*, Heinrich Hugendubel: München 1987.

Myss, Caroline: *Chakren. Die sieben Zentren von Kraft und Heilung*, MensSana: München 2000.

Satprem: *Das Mental der Zellen*, Daimon: Einsiedeln 2006.

Servan-Schreiber, David: *Die Neue Medizin der Emotionen. Stress, Angst, Depression. Gesund werden ohne Medikamente*, Goldmann: München 2006.

van Stappen, Anne: *Mit schwierigen Zeitgenossen umgehen [Das kleine Übungsheft]*, Trinity: München 2014.

Holoenergetics©: www.laskow.net
Heilen mit Liebe: www.mit-liebe-heilen.de
Chakras: www.chakra.me; www.chakren.net
Marie-Claire Barsotti: www.marieclairebarsotti.com
Auroville: www.auroville.org